Spirituelle Irrwege

Meine Erlebnisse mit den spirituellen

Internet-Portalen.

Eine wahre Geschichte

Stefan Schuster

1. Ausgabe Juni 2010

ISBN 9783839167137

„Herstellung und Verlag: Books on Demand

GmbH, Norderstedt"

Inhalt

Vorwort

Vorab nur eine kleine Einleitung zu meiner Einstellung in Bezug auf Spiritismus.

Ich bin ein Mann, der sich schon seit seiner Jugend sehr mit Spiritismus befasst, weder übertrieben noch enthusiastisch, und trotzdem glaube ich an eine höhere und sehr starke Macht im Universum, die uns Menschen behütet, begleitet und zugleich leitet. Auch glaube ich an das Übersinnliche, das uns umgibt und an das Schicksal, das jeden Menschen im Leben begleitet und das auch für jeden auf die eine oder andere Weise vorbestimmt ist.

Auch glaube ich an ein Leben nach dem Tod und daran, dass wir schon einmal gelebt haben, egal in welcher Form.

Es gibt keinen Menschen, der fehlerfrei ist, auch wenn das viele von sich glauben oder der Meinung sind. Natürlich bin ich ebenso wenig fehlerfrei und darüber möchte ich in diesem Buch berichten. Was ich hier ansprechen möchte, verrät ja der Titel schon, ich bitte meine Leser nur um eines: Verurteilt mich bitte nicht, denn auch ich bin nur ein Mensch mit Fehlern und aus Verfehlungen sollte man lernen.

Die Themen Engel, Geistwesen und Übersinnliches sind Themen, die mich schon seit Kindesbeinen an sehr beschäftigen, auch habe ich bisher mehrere Glaubensgemeinschaften studiert und mich mit der Thematik verschiedener Konfessionen beschäftigt, ich habe auch längere

Vorträge gehalten über verschiedene Bibelthemen und die Bibel ausführlichst studiert.

Ebenso habe ich einige Seminare bezüglich Esoterik besucht und mein Wissen vertieft.

Ein einschneidender Lebensabschnitt führte mich noch intensiver zu dieser Thematik hin.

Jeder von uns lernt im Leben viele Menschen kennen. Wir teilen mit ihnen eine gewisse Lebenszeit. Manche bedeuten uns sehr viel, andere eher weniger.

Auch dies gehört zu unserem Leben dazu, Erfahrungen zu sammeln, auf die eine oder andere Art.

Ich bin der Meinung es ist vorbestimmt, wen man wann, wie und wo kennen lernt, das gehört zu unser aller Schicksal.

Die Entwicklung, die wir in unserem Leben durchleben müssen, kann uns niemand wirklich abnehmen, es kann gut möglich sein, dass wir von unserem vorherigen Leben noch etwas aufarbeiten oder abarbeiten müssen, wie auch immer. Unser Schicksal wird uns bereits mit in die Wiege gelegt.

Natürlich kann man jetzt denken, „wenn ich einfach dies oder jenes für mich nicht zulasse, dann passiert es auch nicht." Möglicherweise, schadet man damit aber sich selber und anderen, leidet dadurch vielleicht ein Leben lang.

Wenn ich eine Liebe leben möchte, warum sollte ich dies nicht tun, vielleicht aus gewissen Ängsten oder Vorurteilen aus Angst vor Verletzung, oder weil ich damit ein Problem habe, was andere vielleicht über mich denken könnten?

Man muss sich seinen Ängsten, seinen Enttäuschungen, die man leider im Leben erfahren musste, stellen.

Wenn man eine Liebe leben will, auch wenn man schon oft im Leben negative Erfahrungen in Partnerschaften gemacht hat und Enttäuschungen durchlebt hat, kann man trotzdem eine erfüllte Partnerschaft führen, wenn man seine Ängste überwindet.

Wer sich im Leben auf kein Risiko einlässt, aus gewissen Ängsten heraus, wird auch niemals erfahren, ob es diese Liebe wert war, oder ist.

Da es in meinem Buch auch sehr viel um das Kartenlegen geht, habe ich am Schluss noch eine Erläuterung über die Entwicklung und Entstehung der Kartomantie geschrieben.

* * *

Liebe Leserinnen und Leser dieses Büchleins, vorweg möchte ich mich dafür verbürgen, dass diese Zeilen der absoluten Wahrheit entsprechen und dass weder etwas dazu gedichtet noch etwas weggelassen wurde. Es beschreibt meinen Leidensweg mit Internet-Portalen, die Menschen sogenannt „spirituell" in ausweglosen oder schlimmen Situationen helfen wollen, sei es mit

Kartenlegen, Hellsehen, Astrologie oder schamanischen Fähigkeiten und vielem mehr...... Ich persönlich stelle solche Fähigkeiten weder in Frage, noch zweifle ich an ihnen. Hier geht es ausschließlich um die Beratungen bei Anrufen bei den Internet Portalen, die über Fernsehen, Zeitschriften usw. angeboten werden.

Dort gibt es auch Berater, die es ehrlich meinen und versuchen, dir mit dem Kartenlegen oder Pendeln zu helfen, aber es gibt leider auch die „andere" Sorte von Beratern, über die ich hier schreiben möchte.

Die helfen auch, aber auf ihre Weise, sie ziehen den Ratsuchenden nämlich einfach nur das Geld aus der Tasche und weit mehr, sie zocken einen nach Strich und Faden ab. Denn die Auskunft, die man bekommt, ist nicht ehrlich, kostet aber viel Geld. Denn die Berater dürfen, angewiesen von den Hintermännern der Portale, oft nur das sagen, was der Anrufer hören „möchte", sonst würde der Kunde ja nicht mehr anrufen. Die Fähigkeit oder das Wissen stelle ich bei diesen gewissen Beratern doch schon sehr in Frage. Wenn der eine oder andere doch Fähigkeiten besitzen sollte, dann ist es jammerschade, dass er sich für solche Betrügereien hergibt.

Über diese Thematik wollte ich in diesem Büchlein schreiben und aufklären, was da abläuft, um diejenigen zu warnen, die vielleicht auch gerade dabei sind, diesen Portalen ihr Geld in den Rachen zu schmeißen, anstatt ihr Geld in etwas Sinnvolleres zu stecken.

Dieses Büchlein soll meine persönlichen Erfahrungen mit diesen Internet-Portalen wiedergeben, es beinhaltet nur die Wahrheit und Tatsachen, die mir persönlich widerfahren sind. Grundsätzlich darf natürlich jeder für sich entscheiden, wie er mit seinen eigenen schwierigen Situationen umgehen möchte und wer ihm dabei helfen kann.

Wie erwähnt, gibt es natürlich Berater mit besonderen Fähigkeiten, das ist keine Frage; dennoch unterstelle ich, dass 80% der Berater in fast allen Internet-Portalen weder eine Ausbildung noch einen angemessenen Wissensstand haben, um mit diesen sehr heiklen Themen richtig umgehen zu können.

Jedes mal rief ich dort mit großer Hoffnung im Herzen an. Viele dieser Berater verstehen es bestens, ihre besonderen Fähigkeiten mit bedeutungsvollen Phrasen ins rechte Licht zu setzen, mit Sätzen, wie zum Beispiel: „Es wurde mir angeboren" oder „in die Wiege gelegt", oder „Seit Generationen wurde es an mich weitergegeben". Diese Aussagen reichen mir persönlich nicht für die von ihnen vorgegebene Arbeitsweise (Hellsehen, Kartenlegen etc.) und noch weniger waren diese Aussagen eine ausreichende Erklärung für meine Fragen oder für meine traurige Stimmung in diesem Augenblick. Natürlich können gewisse Fähigkeiten in die Wiege gelegt oder seit Generationen an sie weitergegeben worden sein, durch selbst abgelegte Eide, Schwüre und Gelübde in irgendeinem Vorleben, die ihre jetzige

Berufung herbeigeführt haben. Aber dann genügen die oben genannten Qualifikationen eben doch nicht! Um damit richtig umgehen und die momentane Situation beim Kunden ändern zu können, benötigt der Berater eben viel mehr spezielles Wissen und muss vor allem in der Lage sein, dem Kunden einen guten Rat zu erteilen, wie man die Situation jetzt ändern und die Ratschläge umsetzen kann.

Es gehört eben sehr viel mehr dazu, Menschen in den unterschiedlichsten Notsituationen richtig und professionell zu beraten. Ja, ganz richtig, in Notsituationen. Aus Langeweile ruft da ja wohl sonst niemand an, höchstens noch aus Neugierde, um einige Zukunftsfragen beantwortet zu bekommen.

Sicher werdet ihr fragen, wie ich zu dieser Meinung komme, oder was mich veranlasste, dieses Buch zu schreiben. Ganz einfach, ich bin 3 Jahre lang diesen bitteren Weg gegangen, der mich durch Höhen und noch mehr Tiefen führte. Dieser Abschnitt gehört zu den schwersten Jahren meines Lebens und vielleicht kann ich damit so manchen „Anrufer" oder Ratsuchenden zum Nachdenken bringen, bevor seine persönliche Existenz auf dem Spiel steht, weil das ganze Geld bei Portalen vertelefoniert wurde.

Mir persönlich fällt es sicherlich nicht leicht, über gewisse Dinge zu schreiben, da sie mich heute noch angreifen und sehr traurig machen, aber ich stehe zu dem, was ich getan habe, weil ich erkannte, leider zu spät, dass es der falsche Weg war. Mir wurde klar, nur wenn ich über meinen Schatten springe und darüber schreibe, kann ich andere wachrütteln, warnen und vielleicht sogar den einen oder andern noch frühzeitig vor dem Untergang retten.

Und genau darüber möchte ich schreiben und meine Erfahrungen wahrheitsgemäß zu Papier bringen. Wie gesagt, es ist nicht einfach, sich zu outen, Fehler, die man gemacht hat, zu erkennen, zuzugeben und dann noch niederzuschreiben.
Aber es erleichtert auch zugleich und nach langem Zögern und reiflicher Überlegung bin ich zu dem Entschluss gekommen, dies zu tun, denn ich bin es mir, meinen Freunden und meinen Mitmenschen schuldig, meine gemachten Erfahrungen weiterzugeben.

Sicherlich ist Mann oder Frau in gewissen Situationen des Lebens nicht mehr in der Lage oder damit überfordert, richtig zu handeln, Entscheidungen zu treffen oder Herr seiner Gefühle zu bleiben. Ich denke, dass viele schon einmal vor so einem Problem in ihrem Leben standen, nicht weiter wussten und in so einer Situation händeringend Rat und Hilfe gebraucht hätten oder bei den sogenannten Beratern in solchen Portalen Hilfe gesucht haben. Warst auch du schon betroffen und wurde auch dir das Geld mehr oder weniger aus der Tasche gezogen?

Die Ratsuchenden werden immer wieder animiert. Sie werden mit den tollsten Sprüchen überredet und gelockt, anzurufen, oder Kontakt per E-Mail oder via SMS mit den Portalen aufzunehmen. Für denjenigen, der gerade am Boden zerstört ist und dringend Hilfe braucht, sind diese Lockversuche wie Wasser auf die Mühlen. Nur zu schnell erliegt man diesen Versprechungen von Hilfe, zudem ja geworben wird, dass das erste Telefonat gratis sei. Wenn man dann sein Gratis-Gespräch beendet hat, das natürlich nur von kurzer Dauer ist, und wenn man sozusagen Blut geleckt hat, dann wird es richtig teuer. Denn dann kommt die Zeit der Portale, die dann die dicke Kohle verdienen mit dem Kummer und den Sorgen verzweifelter und hilfesuchender Menschen, die sich an jeden noch so kleinen Strohhalm klammern.

Meine Lebensgeschichte

Meine Geschichte begann im Februar 2007 nach einer langjährigen Beziehung, worauf ich nicht näher eingehen möchte, um meine Privatsphäre doch etwas zu schützen.

Als diese für mich sehr wichtige Beziehung zu Ende ging, war ich so verzweifelt und seelisch am Boden zerstört, dass es mir nicht mehr möglich war, klar zu denken und schon gar nicht vernünftig zu handeln. Von da an ging es mir körperlich und seelisch richtig schlecht.

Dazu kamen die Selbstvorwürfe, weil ich dieser Frau sehr weh getan hatte. Es schmerzt mich heute noch, wenn ich nur daran denke. Es kam in mir einfach keine richtige Lebensfreude mehr auf. Ich hatte niemanden, mit dem ich über den Schmerz in meinem Herzen reden konnte. Ich spreche hier von einer großen Liebe, die ich verloren habe.

Aus diesem Schmerz heraus suchte ich verzweifelt nach Hilfe, egal welcher; die Hauptsache war mir, dass ich mit jemandem ein Gespräch führen konnte, von dem ich mir erwartete, dass mir geholfen würde, dass mir jemand sagen würde, wie ich vorgehen sollte, damit wieder alles gut wird und dass ich Antworten auf meine vielen Fragen bekomme. Kurzerhand rief ich so ein Internet-Portal an. Ich versprach mir richtig viel davon.

Lange Rede, kurzer Sinn, ich suchte mir verschiedene Portale aus dem Internet aus, die Kartenlegen und spirituelle Lebensberatung anbieten. Allesamt Beraterportale, die man über eine Suchmaschine im Internet leicht finden kann. Die von mir ausgesuchten sagten mir zu und ich hoffte sehr, dass ich die Hilfe bekommen würde, die die Homepages dieser Portale versprechen.

Selbstverständlich begann auch ich mit einem Gratis-Gespräch, wie es alle Kunden beim ersten Gespräch bekommen. Als erstes wurde mir mitgeteilt, dass die Beraterin, die ich am Telefon hatte, für dieses Gespräch auch kein Geld bekomme.

Ich nenne es mal „Kundenlocken", aber nach ca. fünf Minuten wurde das Gespräch auch schon wieder von einer automatischen Stimme des Portals unterbrochen, um mir mitzuteilen, dass die Gratisminuten zu Ende sind. Wie man sich denken kann, bin ich in dieser kurzen Zeit natürlich zu keinem richtigen Ergebnis gekommen, ich war noch genauso traurig wie zu Anfang des Gespräches.

Am nächsten Tag ging es mir natürlich noch genauso schlecht wie vorher, also entschloss ich mich, mich auf ein kostenpflichtiges Gespräch einzulassen, was ich dann auch tat.
Dieses Gespräch hat mich dann auch ca. 40,00 Euro gekostet und war nach 15 min. beendet. Weil es ein gutes Gespräch war, machten mir die 40,00 Euro erst mal auch nichts aus. Mir wurden die Karten gelegt und ich erhielt die eine oder andere Antwort.
Weil es ein gutes Gespräch war, fing ich an, diesem Berater mein Vertrauen zu schenken, was zur Folge hatte, dass ich ihn des Öfteren anrief, alles natürlich mit sehr hohen finanziellen Kosten verbunden.

Um die Aussage dieses Beraters von anderen bestätigen zu lassen, weil ich ja sicher sein wollte, dass es stimmte was er mir sagte, habe ich dann auch andere Portale ausprobiert, um auch da wieder eine Bestätigung zu bekommen.
Somit kam ich in einen Teufelskreis, es war schon ein zwanghaftes Verhalten, das ich an den Tag legte, was ich damals nicht bemerkte, aber was mir Gott sei Dank heute bewusst geworden

ist. Nur war es fast zu spät, denn dieses zwanghafte Verhalten hatte mich nahezu an den finanziellen Ruin gebracht.

Die Berater unterscheiden sich überwiegend nur durch ihre Preise von 0,99 Euro/min. bis 3,99 Euro/min.; ob sie ihr Geld wert sind, lasse ich mal dahingestellt.

Weil ich diesen Weg 3 Jahre lang gegangen bin, weiß ich, wovon ich schreibe und kann mittlerweile sehr wohl unterscheiden, ob ein Gespräch sein Geld wert ist oder nicht. Hilfe in meiner Verzweiflung bekam ich wenig, dafür habe ich inzwischen doch sehr viel über Hellsehen, Hellsichtigkeit, Schamanimus, Kartenlegen auf verschiedene Arten, Pendeln, Astrologie usw. erfahren. Darunter durchaus Interessantes, was ich vorher nie für möglich gehalten habe. Ich werde mich künftig auf jeden Fall mehr damit beschäftigen.

Wenn man es allerdings mit einem „guten Berater" zu tun hat, kann der eigentlich nur die Aussage des vorhergehenden Beraters, den man ein paar Stunden zuvor angerufen hat, bestätigen, denn in der kurzen Zeit kann sich ja nichts verändert haben. Die meisten Kartenblätter sind auf einen längeren Zeitraum ausgelegt, was ich aber erst mal nicht wusste. Ich wollte ein schnelles Ergebnis und das sollte natürlich gut und für mich zufriedenstellend sein. Daher rief ich natürlich jeden zweiten Tag einen oder gar mehrere Berater an. Aber dadurch wurde mein Leben nicht leichter oder besser, es änderte sich in keinster Weise. Das Einzige was sich eigentlich jeden Tag änderte, war mein Kontostand , aber das dürfte mittlerweile auch jedem klar sein.

Geriet ich aber an weniger gute Berater, erzählten die mir nach einigen Stunden oder am nächsten Tag etwas völlig anderes, als ich tags zuvor gesagt bekommen hatte. In mir kamen wieder Verzweiflung und Verwirrung pur auf.

Leider erging es mir wie sehr vielen anderen Anrufern auch, dass sehr viele Beratungen durchgeführt wurden, die den Euro nicht wert waren, man lernt Überheblichkeit und Unfreundlichkeit kennen und oftmals auch die Probleme der Berater. Als ich dann Fragen stellte, auf die so einige Berater weder eine Antwort noch einen Rat wussten, versuchten sie trotzdem die Gesprächszeit so lange wie möglich in die Länge zu ziehen, damit der Rubel in ihre Taschen rollte. Danach fühlt man sich ausgelaugt, unverstanden und ist genauso traurig oder verzweifelt wie vor diesem Gespräch.

In vielen Gesprächen, die ich geführt habe, erzählten mir die Berater ihre eigenen Probleme, dummerweise auf meine Kosten. Um nicht unfreundlich zu wirken, habe ich mir so einige Sorgen von Beratern auch geduldig angehört, im Nachhinein frage ich mich heute, was machen solche Berater in diesen Portalen, wenn sie selbst unendlich viele Probleme mit sich selber haben und diese nicht lösen können.

Gut, jeder hat mal eine schlechte Zeit, aber dann darf er einfach nicht auf die Menschheit losgelassen werden, bis er diese gelöst hat.

Ihre Probleme waren meistens gesundheitliche oder auch Beziehungsprobleme, Geldprobleme natürlich weniger, da die meisten ja genug verdienen. Zu den Problemen der Berater kommen dann noch die Kunden mit ihrer Problematik, irgend etwas passt da dann doch nicht mehr. Wer hilft da wem?

Als Anrufer erlebt man natürlich so einiges auf diesen Portalen; ob die Berater dir wirklich helfen können bei deinen Problemen oder ob es Sinn macht, da anzurufen, sollte jeder für sich selbst entscheiden, vor allem darf man eines nicht: den Überblick über sein Konto verlieren! Ich habe für mich erkannt, dass sie mir nicht geholfen, dafür meine finanzielle Situation enorm verschlechtert haben.

Ich möchte weder urteilen, noch möchte ich alle Berater der Portale schlecht reden, nein, ganz bestimmt nicht. Ich möchte nur Ratsuchende dazu bewegen, nachzudenken und zu überlegen, wie viel Geld sie schon in gewisse Gespräche gesteckt haben, die ihnen in Wirklichkeit nicht das gebracht haben, was sie sich erhofft oder erwünscht hatten.

Wenn es so ist, dann stoppt diese Anrufe!

Ich möchte noch erwähnen, dass die Berater eigentlich monatliche Freiminuten vergeben können. Jedoch ist das auch so eine Sache, man bekommt sie in der Regel nur, wenn man den Berater darum bittet und wenn man Stammkunde bei einem Berater ist. Natürlich kann man so gut wie nichts damit abdecken, denn die paar Minütchen sind im Fluge vorbei; dennoch, wenn schon monatliche Unsummen von unseren auf deren Konten wandern, dann sollte wenigstens der Erhalt dieser Freiminuten eine Selbstverständlichkeit sein, ohne dass man dafür betteln muss.

Jetzt möchte ich auf ein paar Berater, auch Experten in den Portalen genannt, eingehen, natürlich nenne ich keine Namen, aber vielleicht erkennt sich ja so mancher Berater anhand der Beschreibung.

Nach ca. einem halben Jahr wurde ich bei einem Anruf zu einer hellsichtigen Beraterin durchgestellt, die keine Karten benötigte, weil sie alles sieht.

„Na gut", dachte ich mir, „höre dir an, was sie zu sagen hat." Leider brauchte ich 189 Gespräche, um zu der Erkenntnis zu kommen, dass ich nur abgezockt wurde.

Des Öfteren läutete während der Beratung ihr Handy oder ihr Hund bellte, was mich wahnsinnig störte. Das kam bei diesen vielen Gesprächen mit ihr nicht nur einmal, sondern sehr häufig vor.

Das Schlimme war natürlich, dass ich diese Störungen und „Ausfall-Zeiten" logischerweise bezahlen musste.

Ich persönlich kann mir kaum vorstellen, dass man sich bei dieser Ablenkung auf den Kunden konzentrieren und auf sein Problem richtig eingehen kann, auch wenn die Überschrift des Beraters im Internet auf diesem Portal lautet: „Im Moment deines Anrufes bist du der wichtigste Mensch". Wenn es nicht so traurig wäre, könnte man darüber nur schmunzeln.

Wie schon erwähnt, wusste ich um die Freiminuten und bat sie deshalb, mir sieben Minuten zukommen zu lassen. Tatsächlich bekam ich dann großzügigerweise drei Minuten zugesandt; da war ich richtig enttäuscht, schließlich hatte sie ja schon eine Menge Geld mit mir verdient.

Teilweise widersprach sie sich im Laufe der Zeit in ihren Aussagen und machte mich damit noch unruhiger und unsicherer, als ich vorher schon war. Diese Beraterin zählt allerdings offiziell zu den Spitzenleuten bei einem großen, sehr bekannten Portal.

Ich persönlich bin von dieser Beraterin sehr enttäuscht worden und fühle mich auch nachträglich verarscht. Ich muss noch hinzufügen, dass ich bei den ganzen 189 Gesprächen sage und schreibe nur drei ganze Minuten von ihr gratis bekam. Mir war es aber zu peinlich, immer wieder nach den Gratisminuten zu fragen und von selber kam sie leider nicht auf die Idee, mir welche zu senden. Diese Tatsache ist nicht nur traurig, sondern schon eine Unverfrorenheit.

Natürlich probierte ich in der Zwischenzeit auch andere Portale aus, denn leider war es so, mir ist das jetzt klar, dass ich zu meiner Verzweiflung, zu meinem Schmerz auch noch die Telefonkrankheit bekommen hatte.

Ich bin mir nicht zu schade, über meinen Schatten zu springen, über das Erlebte zu schreiben und dazu zu stehen; ich bin mir auch vollkommen im Klaren darüber, dass dies ein großer Fehler von mir war, den ich nie wieder ungeschehen machen kann. Mein größter Wunsch wäre es nur, dass ich damit andere Menschen wachrütteln und sogar davor bewahren könnte, den gleichen Fehler zu machen wie ich.

Aus einem anderen Blickwinkel betrachtet ist es aber auch so, hätte ich diesen Fehler nicht begangen, würde es wiederum dieses Büchlein nicht geben. Wenn ich auch für diesen Fehler und die dazugehörigen Erkenntnisse viel Lehrgeld bezahlen musste, so soll es sich doch in der Form lohnen, dass meine Dummheit anderen Menschen, wie dir, lieber Leser, erspart, in die gleiche Falle zu tappen wie ich.

Nach der sogenannten „hellsichtigen" Dame lernte ich dann eine Beraterin kennen, die in die Seele blickt. Sie erzählte mir sehr viel über Karma, Seelenverwandtschaft und dergleichen; ich hatte vorher natürlich weder davon gehört, noch hatte ich gewusst, dass es so etwas gibt. Mittlerweile weiß ich nicht nur, dass es das gibt, sondern bin auch neugierig geworden, noch viel mehr darüber zu erfahren. Jedoch nicht mehr von den Beratern aus den Internet-Portalen, sondern von einer mir liebgewordenen Freundin, die mir mein Schutzengel erst vor Kurzem in mein Leben gebracht hat. Jetzt weiß ich nicht nur, dass es Schutzengel gibt, sondern dass ich auch einen habe. Hätte ich das doch nur schon früher gewusst.

Nach ca. 50 Gesprächen mit der Beraterin, die in die Seele blickt, habe ich mich, auf ihre Bitte hin, am Starnberger See mit ihr getroffen. Wir verstanden uns mittlerweile recht gut und weil sie dort einen Kartenlegekurs leitete, bot sich ein Treffen geradezu an.

Wir gingen zum Essen und sprachen sehr viel über das Kartenlegen und über ihre Arbeit und natürlich auch über die Portale.

Sie hat mir sogar kostenlos die Karten gelegt und mir dann nebenbei anvertraut, dass sie mit dem Kartenlegen im Monat auf einen Verdienst von gut 15.000 Euro kommt. Bei einem Minutenpreis von über 2,00 Euro ist das kein Wunder. Sie ist aber nur eine von vielen Beraterinnen mit so einem Verdienst. Man muss sich einmal überlegen und vor Augen halten, um wie viel mehr als so eine Beraterin erst die Portale mit dem Schmerz, der Verzweiflung und dem Leid des jeweiligen Anrufers verdienen.

Wenn ich so zurück denke, mit wie vielen Beratern ich gesprochen habe, so komme ich mit Sicherheit auf mehr als 40 Berater auf verschiedenen Portalen. Natürlich waren auch sehr kurze Gespräche dabei mit vielleicht zwei oder drei Minuten, weil von Anfang an die Chemie nicht gestimmt hatte; oder ich wurde dumm angemacht, weil der oder die Berater/in einen schlechten Tag hatte. Okay, kann vorkommen, aber wie schon mal erwähnt, dann berate ich an so einem Tag auch keine Kunden.

Denn eine gute Beratung bedeutet für mich große Verantwortung im Gespräch mit dem Kunden, und vor allem sollte es dem Kunden danach besser und nicht schlechter gehen. Ich musste feststellen, dass es mir, wenn überhaupt, nur in den seltensten Fällen, und dann auch nur kurzzeitig, etwas besser ging.

Wenn die Berater einen schlechten Tag haben, sind sie leider trotzdem auf den Portalen zu finden, schließlich zählt ja jede Minute (in barer Münze). In diesen Fällen, die ich oft genug erlebt habe, kann der Berater keine gute Energie und schon gar nicht den Draht zum Spirituellen haben, um seinem Anrufer etwas Positives mitgeben zu können.

Ich könnte über alle „meine" Berater, die ich in meiner schweren Zeit kennen gelernt habe, jede Menge berichten, nur sind es die meisten nicht im Geringsten wert, überhaupt noch erwähnt zu werden. Außerdem würde es das Fassungsvermögen dieses Büchleins sprengen und somit suchte ich mir nur die markantesten Erlebnisse heraus.

Ich möchte ja auch nicht alles schlecht reden, ganz sicherlich nicht, es gibt ja auch noch die restlichen 20% an Beratern, die ihre Sache richtig gut machen und die für ihre Kunden da sind, sie nahezu liebevoll betreuen und auf freundschaftliche Art mit dem Ratsuchenden umzugehen wissen. Von solchen Beratern kann ein perfektes Gespräch auch mal in vier bis fünf Minuten erledigt sein, wobei sich dann die Kosten im Rahmen halten.

Auch so eine Beraterin habe ich auf einem Portal gefunden, die vom Menschlichen her eine sehr liebe Frau und um ihre Kunden sehr bemüht ist und sich auch stets mit ganzer Energie einsetzt, um ihre Kunden aufzubauen, um für sie den richtigen Weg zu finden. An dieser Stelle möchte ich mich ganz herzlich für ihre Wegbegleitung bedanken, sie gehört mit Recht zu den Spitzenberatern in diesem Portal, denn auch ein Fünf-Minuten-Gespräch mit ihr gibt einem Kraft und Zuversicht; diese Frau hat das, was den meisten Beratern fehlt, nämlich Menschlichkeit, Güte und Liebe für den Ratsuchenden, sprich Kunden.

Aber zu den Guten kommen wir später noch, zunächst will ich mit meinen Erfahrungen und Erlebnissen an dieser Stelle fortfahren.
Bei einem anderen Internet-Portal wurde ich auf einen angeblich guten Berater, zumindest den Bewertungen nach, aufmerksam. Natürlich wollte ich mit ihm reden und stellte mich auf zehn Minuten ein. Ich wählte seine Nummer, er war sofort frei und ich hatte Kontakt.

Aus den zehn sind 60 Minuten geworden. Ich wurde derartig in ein Gespräch verwickelt, dass ich nicht bemerkte, wie viel Zeit bereits vergangen war und meine Fragen waren immer noch nicht beantwortet. Nach ca. 50 Minuten fragte ich ihn, was da eigentlich bei ihm immer so plätschert und was er da nebenbei macht und bekam auch prompt die Antwort, dass er nebenbei ein Fußbad nehme, während er mit mir redet, was mir schon etwas eigenartig vorkam.

Ich telefonierte nur deshalb so lange mit ihm, weil ich immer noch auf seine Hilfe hoffte, aber ich bekam bis zum Schluss weder Hilfe noch Antworten auf meine Fragen. Was ich wieder einmal bekam, war die Rechnung, die sich auf ca. 80,00 Euro belief. Späte Erkenntnis: rausgeschmissenes Geld. Er zählt auch zu den besten Beratern auf einem bekannten Portal, im Endeffekt war die Aussage von ihm nur Blabla und ich sollte in den Wald gehen und einen Baum umarmen; das waren dann seine Schlussworte......

Einen Baum zu umarmen kann natürlich viel Kraft geben, aber in diesem Moment half mir diese Aussage gar nichts.

Egal, wie die Portale alle heißen, geholfen wird nur in den seltensten Fällen, da spreche ich einfach aus Erfahrung und für diese Erfahrung habe ich viel Geld bezahlt.

Wenn ich heute ab und zu die Bewertungen dieser Portale durchblättere, fallen mir immer wieder Kunden mit den gleichen Verhaltensmustern, wie ich sie in dieser schlimmen Zeit auch hatte, auf. Doch ich weiß, dass sich Menschen, die sich in einer verzweifelten Situation befinden und alleine sind, nicht aufhalten lassen, weil sie sonst in dem Moment niemand anderen haben. Aus diesem Grund werfen sie eben den Portalen buchstäblich ihr sauer verdientes Geld direkt in den Rachen.

Oft genug gibt es auf der einen Seite Menschen, die verzweifelt Hilfe suchen und bereit sind, alles für einen guten Rat zu geben und dann gibt es auf der anderen Seite diejenigen, die genauso oft nur für das Zuhören und nicht immer einen guten Rat bereit sind, alles zu nehmen.

Schicksale der Berater

Ich selbst habe mit Beraterinnen gesprochen, die selbst diese Hotlines angerufen haben und dadurch in Insolvenz geraten sind. Es ist unglaublich aber die Wahrheit, ich habe das nicht nur einmal gehört, ich spreche hier von Beratern nicht von Kunden.

Mittlerweile weiß ich auch, dass sich Berater, besonders Anfänger, oftmals die Bestätigung für das, was sie in ihrem Kartenblatt gelesen haben, bei Kollegen holen. Zum Anderen ist es immer schwierig, für sich selber objektiv die Karten zu interpretieren. Besonders, wenn sich ein Berater, der ja auch nur ein Mensch ist, in einer schwierigen Lebensphase befindet, braucht er einen Berater-Kollegen. Die Gefahr ist auch hier, dass der hilfesuchende Berater, wie auch der Rat suchende Kunde, der über einen längeren

Zeitraum solche Anrufe tätigt, seine Macht über sich an andere abgibt und sich somit in einen fatale Abhängigkeit hinein manövriert. Bitte immer das Mittelmaß im Auge behalten.

Wenn man wieder klar denken kann, sieht und erkennt man, wie abhängig und süchtig die ganze Angelegenheit macht; nicht einmal die Berater selbst sind davor gefeit, geschweige denn die Kunden.

Wie schon erwähnt, gibt es über die meisten Portale leider nur wenig Positives zu berichten. Vielleicht sollten unsere Politiker einmal ihren Fokus auf solche Portale richten, da es sich für mich, manchmal, nicht immer nur um Betrug, sondern auch um die Verarschung der Kunden handelt.

Im Prinzip würde es aber auch schon reichen, wenn nicht das Geld, sondern die echte Hilfsbereitschaft mit Liebe und Verständnis im Vordergrund stehen würde.

Ein guter, wirklich spiritueller Berater weiß, dass alles, was man einem anderen antut, siebenfach zu einem zurückkommt. Die Berater auf den Portalen sollten sich also gut überlegen, ob sie wirklich für Geld alles tun und weiterhin Ratsuchende bewusst abzocken möchten oder ob sie nicht lieber etwas Positives zurück haben möchten.

Ob der Berater nun freiwillig oder unter Zwang der Portale die Anrufer hinhält und somit abzockt, spielt für die geistige Welt überhaupt keine Rolle. Sie kann nicht unterscheiden, ob gewollt oder ungewollt. Getan ist getan und fällt somit unter das Gesetz von Ursache und Wirkung; alles was man sät, das erntet man auch.

Als Berater kommt man sehr einfach in solche Beratungsportale, das Wichtigste ist ein Gewerbeschein. Die Aufnahme ist selten schwer. Oft werden weder irgendwelche Kenntnisse überprüft noch gefordert, wohlgemerkt; das gilt nicht für alle Portale, aber halt doch für viele.
Ich habe auch erfahren, dass diese Internet-Portale sogar Gespräche abhören, um zu verhindern, dass der Berater den Kunden für sich gewinnt und ihn dann privat berät. Sollte es ein Berater doch mal wagen, wird dies erst mit einer Verwarnung und dann mit einer Geldstrafe geahndet. Ist ganz einfach zu verstehen, würde der Berater privat beraten, würde das Portal ja am Kunden nichts mehr verdienen.
Würden die entsprechenden Portale aber besser, menschlicher und lockerer mit ihren Beratern umgehen, würde das sicher den hilfesuchenden Kunden zu Gute kommen und zwar in Form von tatsächlicher und fairer Unterstützung für bezahlbares Geld.

Natürlich geht es in anderen Internet-Portalen genauso an den Geldbeutel, sie weisen die gleichen Verhaltensmuster auf, und auch dort hatte ich mein Geld gelassen, bei sogenannten Beratern, die mit Minutenpreisen von teilweise sogar über 3,99 Euro zu Buche schlagen.

Nahezu alle Portale halten auch kostenpflichtige Kurse für die Berater ab. Es wird den Beratern ans Herz gelegt, diese zu besuchen. Nur leider lernen sie dort nicht, wie sie dem Anrufer schnell und bestmöglich helfen können, sondern sie werden eingehend trainiert, wie man ein Gespräch in die Länge ziehen kann, wie man um den Kunden wirbt und wie man ihn bei der Stange hält etc.

Diese Information habe ich von einer ehemaligen Beraterin, die aus solchen Portalen ausgestiegen ist und einfach nicht mehr mitmachen wollte. Von einem dieser großen Portale wurde sie sogar gekündigt, weil sie zu wenige Gespräche geführt hatte, sprich zu geringen Umsatz gemacht hatte.

Wer nun denkt, sie sei eine schlechte Beraterin, der irrt gewaltig. Ganz im Gegenteil, sie zählt für mich zu den besten, ehrlichsten und menschlichsten Beratern, die ich kenne. Sie ist für ihre Kunden da, so wie man sich das auch von all den anderen Beratern wünschen würde. Heute ist diese Beraterin sozusagen eine gute Freundin von mir. Sie berät mich auch heute noch, aber auf eine ehrliche Art und Weise. Das einzig Gute bei den Anrufen dieser Portale war, dass ich diese Kartenlegerin kennen lernen durfte.

Grundsätzlich stimmt es sehr wohl, was ein guter Berater aus den Karten liest oder durch ein Pendel beantworten kann. Vorausgesetzt, der Berater ist ein wirklich spiritueller Mensch, mit guter, reiner Energie, einer feinfühligen Intuition und am besten noch mit einem guten Draht zu den Engeln. So ein Berater kann dann auch die Karten dem Thema des Fragestellers entsprechend richtig interpretieren oder über das Pendel die richtigen Antworten geben. Aus eigener Erfahrung kann ich berichten, dass Karten oder auch Pendel nicht lügen. In den meisten Fällen treten die vorausgesagten Ereignisse früher oder später tatsächlich ein.

Vorhersagen mit Hilfsmitteln

Für alle Vorhersagen mit Hilfsmitteln, wie Karten, Pendel usw. gilt: Das Ereignis tritt dann ein, wenn man bei einem spirituellen Berater seines Vertrauens ist, wenn der gemachten Aussage vertraut wird (,die gerade beim Pendeln durch ein Geistwesen (Schutzengel, Geistführer usw.) gegeben wurde), wenn die Gefühle, die Wünsche oder die Meinung des Fragenden so bleiben wie bei Legung des Kartenblattes, wenn alles so fortgeführt wird, wie es zum Zeitpunkt des gelegten Kartenblattes angesagt war. (Keine plötzlichen Veränderungen!) Zum Beispiel: Ändert der Fragende irgendwann nach der Kartenlegung aus heiterem Himmel seinen gewohnten Ablauf, seine Gefühle, seine Absichten usw., kann die gemachte Aussage schon nicht mehr so eintreffen, wie angekündigt. Oder wenn im Kartenblatt eine Veränderung im Beruf angezeigt wird, aber eine Fortbildung dafür Voraussetzung ist. Dann wird eben nur eine

Veränderung eintreten, wenn diese Fortbildung auch wirklich gemacht wird.

Falls der Hilfesuchende, aus welchen Gründen auch immer, diese Fortbildung unterlässt, wird er vergeblich auf die angekündigte Veränderung warten. Macht er die Fortbildung aber, wird die Veränderung spätestens dann eintreten, wenn die Zeit für das Ereignis reif geworden ist, was bei jedem Menschen ein anderer Zeitpunkt sein wird. Es hängt zum Einen von seiner Lebensentwicklung ab (,was er noch zu lernen hat,) und von seiner spirituellen Entwicklung. Ja, jeder Mensch ist spirituell, nur jeder ist unterschiedlich weit dafür offen.

In einem anderen Kartenblatt gibt es die Aussage, dass mit dem geliebten Menschen, der noch gebunden ist, eine Partnerschaft anstehe. Dann ist das zunächst der momentane Zustand, das heißt, dass der geliebte Mensch im Moment bereit ist, sich zu trennen, um mit dem Ratsuchenden eine Partnerschaft einzugehen. Verlässt den geliebten Menschen aber in einigen Monaten der Mut und er trennt sich nicht, dann kann es sein, dass die Partnerschaft nicht oder erst mit großer Zeitverzögerung zustande kommt. Steht diese Partnerschaft allerdings auf dem göttlichen Plan des Fragenden, dann gibt es sowieso kein Entkommen. Es ist wie immer eine Frage der Zeit und der Geduld.

Deswegen ist ein täglicher Anruf auf diesen Portalen mit der gleichen Frage zwecklos, denn um eine richtige Antwort bekommen zu können, spielt der Zeitabstand zwischen den bereits erhaltenen Antworten eine große Rolle.

Aber zurück zu den Portalen, da gibt es ja noch so Einiges zu berichten.

Heute noch, da ich nicht mehr auf die Portale angewiesen bin, bekomme ich regelmäßig Werbemails und jetzt auch noch Freiminuten zugesandt, auch von Beratern mit denen ich seit mehr als 2 Jahren nicht mehr gesprochen habe. Sicher kann man sich dort abmelden, aber ich wollte wissen, wie hartnäckig diese Leute sein können und sie sind es.
Ganz wichtig ist auch für manche Berater, dass ihre Kunden die Bewertungen nicht vergessen, natürlich sollte das eine positive sein, ganz klar, damit sie in der Hierarchie des Portals ansteigen.
Zum Glück gibt es doch Menschen, die negative Bewertungen abgeben, wenn sie nicht zufrieden mit dem Gespräch oder dem Berater waren.
Die meisten Kunden trauen sich jedoch nicht und geben keine Bewertung ab, wenn sie unzufrieden waren, was schade ist, denn über das Profil und über die Bewertungen kann man sich schon in etwa auch ein Urteil oder eine Meinung von dem Berater bilden.
Ich persönlich hatte auch eine schlechte Bewertung für einen sogenannten Spitzenberater abgegeben, diese wurde allerdings von den Mitarbeitern dieses Portals nach kurzer Zeit wieder entfernt.

Damit will ich nur sagen oder andeuten, dass auch Bewertungen über die Portale teilweise überarbeitet und geschönt oder bei Nichtgefallen entfernt werden. Wenn auch alle Bewertungen, egal um welches Portal es sich handelt, zuerst vom Kundensupport durchgelesen werden, bevor man sie veröffentlicht, lasst euch nicht abhalten, auch negative Bewertungen zu schreiben. Erhält ein Berater zu viele negative Bewertungen, wird er möglicherweise vom Portal entfernt.

Es ist klar, je mehr gute Bewertungen es sind, desto besser ist die Nachfrage der Kunden bei den Beratern, wobei wir wieder beim Umsatz wären.

Berater mit vielen Bewertungen stehen bei solchen Portalen meist an der Spitze, diese werden natürlich auch am meisten angerufen. Doch Vorsicht, auch bei Beratern, die ganz vorne bei den Portalen stehen, gibt es schlechte, die mit ihrer Verantwortung falsch umgehen und die Kunden schlecht beraten, natürlich wieder für teures Geld.

Nun gut, wie erwähnt, ich möchte nicht alles schlecht reden, da würde ich den guten und fairen Beratern unrecht tun, denn die gibt es wirklich, die guten und fairen, die bemüht sind um deine Person und um dein Wohlergehen. Leider sind die guten und fairen gezählt und sehr rar, das kann ich mit Gewissheit sagen, und zwar in allen Portalen, egal wie sie auch heißen mögen.

Da der Konkurrenzkampf in solchen Portalen sehr groß ist, wird mit allen Mitteln um die Kundschaft geworben und gerungen.

Für mich ist das Kartenlegen ein sehr altes Handwerk. Wie auf dem normalen Arbeitsmarkt gibt es gute Handwerker und natürlich auch, wie überall, schlechte Handwerker.

Wenn man sich auf diese Ebene begibt und sich die Karten legen lassen möchte, sollte man sich schon überlegen, wem man da vertraut und wohin man sich wenden möchte. Hört euch um, vielleicht gibt es sogar jemanden in eurer Nähe, der Beratungen von zu Hause aus macht, nicht zu teuer ist und bei dem man sich gut aufgehoben fühlt.

Sollte doch der Wunsch hochkommen, bei einem Internet-Portal anzurufen, dann höchstens zwei bis drei wichtige Fragen vor dem Anruf aufschreiben, den Zettel und am besten eine Zeituhr, wie man sie zum Backen verwendet, neben das Telefon stellen, diese auf zehn oder 15 Minuten einstellen und darauf achten, dass gezielt die gestellten Fragen beantwortet werden. Sollte der Berater abschweifen, um das Gespräch in die Länge zu ziehen, unterbrecht ihn und drängt darauf, die von euch gestellte Frage unbedingt beantwortet zu bekommen. Wählt Berater, die nicht so hohe Minuten-Preise haben. Ruft auch nicht täglich an, denn zu viele unterschiedliche Antworten bringen euch zusätzlich in seelische Konflikte, die noch mehr verwirren.

Wenn meine Warnungen nicht beachtet werden, ist man rasend schnell in einer Abhängigkeit gefangen, die mit unendlichen Kosten verbunden sind, welche eine weitere schwere Belastung darstellen. Damit hat man sich dann zusätzlich zu dem Problem, weshalb man einen Kartenleger angerufen hat, noch ein weiteres, meist noch viel größeres, geschaffen.

Den Portalen ist es egal, wie der Kontostand des Kunden aussieht, denn wenn einmal eine Abbuchung zurück geht, dann wird auch gleich der Zugang gesperrt, was für einen normal denkenden Menschen das Beste ist; für einen verzweifelten jedoch ist es eine Katastrophe, denn er möchte ja jemanden zum Reden und somit steht er dann vor einem neuen Problem, das natürlich wieder mit Zusatzkosten verbunden ist.

Magier und Hexen

Nun ja, liebe/r Ratsuchende/r, es ist alles nicht so einfach mit dem Internet, dort gibt es selbstverständlich auch noch andere Portale, bei denen „geholfen" wird, wie auch immer das zu verstehen ist.

Es gibt Internetseiten mit Magiern und Hexen und wie sie sich alle nennen. Sie alle wollen den Menschen bei ihren Problemen „helfen". Auch hier gibt es, wie auf den verschiedensten anderen Portalen, gute und schlechte Handwerker. Sie bieten Rituale von unterschiedlichsten Arten und Weisen an und versprechen, diese aus der Ferne für einen durchzuführen. Dass diese Rituale auch definitiv stattfinden, kann sein, kann aber auch nicht sein. Spätestens dann, wenn sich die Situation des Hilfesuchenden in keinster Weise gebessert hat, aber viel Geld für irgendwelche Rituale, die angeblich gemacht wurden, verlangt wird, dann steht mit Sicherheit fest, dass man erneut „betrogen" wurde.

Selbstverständlich findet ihr auch auf den Seiten der Portale, von Hexen und Magiern die entsprechenden Online-Shops dazu. Hier werden total überteuerte Essenzen, diverse spirituelle Gegenstände, Affirmationen, Heiligen-Bilder und sogar Gebete und vieles mehr angeboten. Die Gebete und Affirmationen werden dann auch noch extra auf den Kunden in Bezug auf seine Problematik und seine jeweilige Situation zugeschnitten. Gebete und Affirmationen sind schon hilfreich, jedoch auf diesen Seiten leider unverschämt teuer.

Somit ist auch hier äußerste Vorsicht geboten und wägt ab, ob und was tatsächlich hilfreich ist. Jesus hätte bestimmt nicht gewollt, dass Gebete für teures Geld gekauft werden müssen.

Wenn es euch am Herzen liegt, etwas zu kaufen, dann geht einfach in einen Esoterikladen, den gibt es bestimmt auch in eurer Nähe, da bekommt ihr das Gleiche für viel weniger Geld.

Im Internet gibt es sehr viele Bereiche, wo man sein Geld auf die eine oder andere Art und Weise lassen kann, aber unter dem Deckmantel „Spiritismus" etc. wird schon richtig Kasse gemacht und dem Kunden das Geld buchstäblich aus den Taschen gezogen.

Ob es um Partnerzusammenführung und Partnerharmonisierung geht, oder ob der Wunschpartner einfach an euere Seite gezaubert werden soll etc.: Auf Anfrage bekommt man von allen sofort Antwort und selbstverständlich wird sofort Hilfe angeboten. Jedoch sagte mir keiner von denen, dass man durch solche Rituale ins Karma eingreift und gegebenenfalls sein Leben eher verschlimmert als verbessert. Nein, darüber sagten sie natürlich nichts, sondern als erstes wird auf die Überweisung hingewiesen und die sollte schnellstmöglich in Auftrag gegeben werden.

Ich bin persönlich der Meinung, auch bei diesen Internetseiten äußerste Vorsicht walten zu lassen und sich diesen Weg zweimal zu überlegen, denn auch da gibt es Scharlatane, die es verstehen, den Anrufer über den Tisch zu ziehen und es wie immer nur auf sein Geld abgesehen haben.

Dass diese Magier, Hexen, Schamanen, Astrologen oder wie auch immer er oder sie sich nennen mögen, im Internet meist aus weiter Ferne, wirklich entsprechende Rituale oder anderes Versprochenes für den Kunden durchführen, das sei mal dahingestellt. Denn Beweise dafür, was oder wie etwas gemacht wird, bekommt man nicht, es sei denn man geht vor Ort zu einem Magier oder einer Hexe und lässt sich direkt von ihm oder ihr beraten. Was ich nur empfehlen kann, denn es gibt sie auch bei uns.

Dann kann alles genau besprochen werden, ob überhaupt und was gemacht werden darf. Eventuell darf man sogar bei dem einen oder anderen Ritual dabei sein. Zumindest kann man schneller herausfinden, ob etwas Versprochenes durchgeführt wurde oder nicht. Allerdings muss man auch wissen, dass Rituale, die tatsächlich gemacht wurden, aber nicht den gewünschten Erfolg gebracht haben, von der geistigen Welt nicht zugelassen wurden, weil unter Umständen das Gewünschte noch nicht eintreten darf. Es mag sich für den Leser komisch anhören, aber für alles gibt es seine Zeit und unter Umständen ist für das Gewünschte die richtige Zeit einfach noch nicht da. Aber das sollte von einem guten Magier oder spirituellen Berater schon im Vorfeld mit der geistigen Welt geklärt worden sein.

In Berlin ist eine „Hexe" und Kartenlegerin ansässig, deren Internetseite sehr ansprechend und aussagekräftig wirkt, denn sie wird von vielen Referenzen und prominenten Namen geschmückt, die sie angeblich schon beraten hat. Die Seite ist in allen Bereichen richtig gut und teuer aufgemacht und sie sieht für den Betrachter auch sehr eindrucksvoll und professionell aus, aber.........

Ich nahm per Mail Kontakt mit dieser guten Frau auf, fragte wegen einer

Partnerzusammenführung bei ihr nach und ob sie das tun würde. Nach ca. fünf oder sechs Tagen bekam ich dann Antwort von ihr mit folgendem Text:

„Hallo,
gerne können Sie mich zu einer Magie-Gratisberatung in Deutschland unter: 0160.......... und aus dem Ausland unter: 0049 160..........anrufen, denn Ihr Fall ist sehr dringend und eilig, nur noch mit Magie zu lösen! Leider ist es kein leider Fall mehr! Meine historischen Karten zeigen mir wirklich, dass mit meiner starken und schnellen Magie alles wieder gut wird und Sie eine sehr erfüllte und dauerhafte Beziehung führen könnten! Sichern Sie sich jetzt Ihre Herzenspartnerin/Ihren Herzenspartner für immer!"

Soviel zur Antwort, (Rechtschreibfehler inbegriffen). Ich habe natürlich bei ihr angerufen, um nähere Infos zu bekommen, sie war auch sofort am Telefon und sagte mir, dass sie mir ja schon die Antwort auf meine Anfrage per Mail zugesandt hat. Meine Fragen, die ich noch zusätzlich hatte, wurden sehr unfreundlich und mürrisch beantwortet, es wurde auch im Gespräch laufend von ihr unterstrichen, dass sie eine Promi-Beraterin sei, und ich ihr ruhig vertrauen könne. Zu guter Letzt wurde mir dann noch gesagt, dass ich mich heute entscheiden müsse, denn morgen könne sie für mich leider nichts mehr tun, dann sei der Fall nicht mehr reparabel. Ich sollte ihr sofort 400,00 Euro überweisen, nur dann würde sie mit ihrer „Magie" beginnen, wie auch immer.

Diese Mail, die ich bekam, war natürlich eine Standard-Mail von ihr, diesen Text haben vor mir auch schon andere Kunden bekommen, wie ich in den Foren lesen konnte.

Über diese Dame habe ich im Internet natürlich recherchiert und bin auch fündig geworden. Sie ist sehr bekannt, aber im negativen Sinne, was mir vollkommen klar war. Fast ausschließlich negative Beurteilungen wurden in diesen Foren über sie geschrieben. Die Leute zahlten je nach Aufwand ihrer Magie 400,00 bis 3.550,00 Euro innerhalb von ein paar Wochen. Sie besaß sogar bei einigen Kunden die Unverfrorenheit, auch noch Geld nachzufordern, obwohl eine bestimmte Summe vorher vereinbart worden war, jedoch wer hört schon während einem „Ritual" auf, wenn er Hoffnung und Angst hat???

Niemand, also zahlten die Kunden natürlich die nachgeforderte Summe. Allerdings sei erwähnt, ohne jegliche Ergebnisse. Einige überlegten ernsthaft, die gute Dame anzuzeigen, aber es traute sich dann doch niemand so recht, aus den verschiedensten Gründen, die ich auch nachvollziehen kann. Schließlich ist die „Magierin" im Besitz der privaten Daten des jeweiligen Kunden.

Auch an diesem Beispiel kann man deutlich erkennen, wie vorsichtig man sein sollte, dass man nicht abgezockt wird und sein Geld, vorsichtig ausgedrückt, an „Betrüger" bezahlt, die nur das Eine im Kopf haben, nämlich ihren eigenen Kontostand.

Man kann Menschen, die Rat und Hilfe suchen und verzweifelt sind, auf die verschiedensten Arten und Weisen das Geld aus der Tasche ziehen, aber so eine Art ist niederträchtig und sehr grenzwertig anzusehen und ist am Rande der Legalität. Solche Leute behaupten dann auch noch, sie stünden in Verbindung mit Geistwesen und darüber ist nicht mal zu lachen, denn das können ja nur die Geistwesen der finsteren Mächte sein, die so etwas machen.

Aber das nur nebenbei, mein Interesse gilt eigentlich den Portalen. Mein Anliegen ist es, dass man gut überlegt an solche Dinge ran geht und bitte niemals in seiner Verzweiflung unüberlegt handelt, so wie ich damals.

Es ist sehr schwierig, den richtigen erfahrenen und kundenbezogenen Berater zu finden, für den der Hilfesuchende im Vordergrund steht und der zusätzlich das Gespräch möglichst kurz hält, aber dabei die meisten Informationen, die er sieht, an den Kunden weiter gibt und mit Feingefühl die Beratung leitet.

Da sehr viele Berater mehr als 14 Stunden täglich und auch nachts auf den Portalen zu finden sind, bezweifle ich abermals ihre Kompetenz für klare und deutliche Aussagen und Gespräche. Ich möchte sogar behaupten, dass die Kartenbilder nach so langer Tätigkeit nicht mehr richtig gedeutet werden können, weil der Berater einfach ausgelaugt ist und sich energetisch nicht mehr auf den einzelnen Anrufer einstellen kann. Man kann sich das in etwa so vorstellen, dass nach mehr als 30 oder 40 Kunden am Tag die Energie des jeweiligen Beraters erschöpft ist.

Eine Beraterin, die täglich mehr als 14 Stunden online ist, an erster Stelle eines sehr großen Portals steht und natürlich auch jede Menge Bewertungen nachzuweisen hat, positive wie negative, ist mir noch ein paar Zeilen wert. Trotz der negativen Bewertungen ließ ich mich erstmalig auf einen kurzen Chat mit ihr ein. Ich fragte sie, ob ich in der Beziehung, die ich verloren hatte, nochmals eine Chance bekommen würde und die Antwort kam sofort nach ein paar Sekunden: „Nein". Frage: Woher nahm sie ihr Wissen?? Weder kannte sie mich, noch erzählte ich ihr von meiner Vorgeschichte und nach zwei Minuten brach ich diesen Chat ab, Verarschung pur. Man kann in zehn Sekunden - so lange habe ich auf ihre Antwort gewartet - weder pendeln noch Karten legen oder hellsehen. Einfach ein kurzes „Nein" schreiben und das war's, ich denke das ist zu wenig und das kann ich auch. Aber was sie mit dieser Oberflächlichkeit beim Kunden anrichtet, ist ihr entweder egal oder nicht bewusst. Ihre Aussage stimmte nicht mit dem überein, was mir verschiedene andere Berater nach einem ausführlicheren Gespräch gesagt hatten. Aufgrund meiner gemachten Erfahrungen hatte sie sich nicht die Mühe gemacht, ihren „Job" verantwortungsbewusst durchzuführen.

Sinn und Zweck sind doch, dass der Berater, sowie der Anrufer zufrieden aus dem Gespräch heraus gehen und dass dem Ratsuchenden bei seinem Problem eine Antwort gegeben werden konnte, die ihm sein Leid nicht mehr so schlimm erscheinen lässt oder es tatsächlich mindert. Nach vielen Aussagen wurde allerdings bei mir das Leid eher noch schlimmer als gemindert.

Schicksale von Kunden

Bei meinen Gesprächen erfuhr ich natürlich auch so einiges über gewisse Schicksale von Kunden. Sie haben die Portale rauf und runter telefoniert, wobei zum Beispiel Folgendes passierte:
Eine Beraterin, ihren Namen werde ich hier natürlich nicht nennen, vertraute mir unter anderem Folgendes an: Eine verzweifelte Dame, die seit zwei Jahren verstärkt Kartenleger-Portale anruft, hat in dieser Zeit mehr als 80.000 Euro Schulden bei den Anbietern angehäuft. Damit nicht genug, sie ist sogar straffällig geworden, weil sie falsche Namen und falsche Bankverbindungen benutzt hat, um sich erneut anzumelden, selbst als man sie gesperrt hatte und ihr Limit überschritten war. Selbst in ihrer

Bewährungszeit war sie nicht in der Lage, aufzuhören. Ob sie mittlerweile in Behandlung ist, entzieht sich meiner Kenntnis.

Hier sprechen wir von einer krankhaften Sucht und Abhängigkeit des Kunden, das Schlimme ist nur, dass niemand einschreiten und diesen Menschen stoppen kann.

Das macht weder ein Portal noch ein Berater, denn es geht immer wieder um den schnöden Mammon des Kunden.

Ich bin sogar der Meinung, dass diese Art von Sucht in etwa vergleichbar ist mit dem Alkoholismus oder einer Droge, aber niemand schreitet bei dieser Telefonsucht ein, nein, denn es ist sogar vollkommen legal, da es vom Gesetzgeber her keine Einwände gibt.

Im Endeffekt muss jeder für sich selbst entscheiden, was er macht oder nicht macht,

aber man sollte, wie gesagt, unbedingt gut überlegen und abwägen. Darum bitte ich die Menschen, die dieses Buch lesen, inständig.

Wenn ich nur einen Teil meiner Mitmenschen mit diesem Buch wachgerüttelt und sensibilisiert habe, würde ich das als einen kleinen Erfolg verbuchen und ich hätte das erreicht, was ich eigentlich erreichen wollte.

Vielleicht werden mich einige angreifen, mit Sicherheit sogar, aber ich denke, diese Wahrheit musste an die Öffentlichkeit, um zu verstehen, mit welchen Mitteln teilweise verzweifelte, ratsuchende Menschen, die nicht mehr weiter wissen, ausgebeutet werden. Sie stehen vor einem großen Problem, mit dem sie alleine nicht mehr fertig werden, aber rücksichtslos seitens derer, die ich hier beschrieben habe, behandelt werden.

Sicher, wenn man verzweifelt ist und nach einem Strohhalm sucht, dann macht man viele Dinge und auch Fehler, die ein glücklicher und zufriedener Mensch niemals verstehen kann, keiner weiß das besser, als ich selbst.

Wie kann man sich davor schützen

Jetzt wird sich so mancher fragen, „wie kann ich mich davor schützen, dass mir das Gleiche passiert oder dass ich auch in diese Abhängigkeit von solchen Portalen verfalle".

Dies ist nicht leicht zu beantworten. Trotzdem möchte ich hier auf verschiedene Möglichkeiten hinweisen.

Zum Einen gibt es staatliche Beratungsstellen mit geschulten Psychologen, die nichts kosten und doch helfen können.

Zum Anderen kann man auch mit guten Freunden etwas unternehmen, mit ihnen reden, raus in die Natur gehen, am besten ans Wasser wegen der energetischen Reinigung, damit man nicht in Depressionen verfällt, oder ähnliches.

Aber die schnellste, billigste und unkomplizierteste Weise, Hilfe zu erhalten, ist sich mit seinem ganz persönlichen Schutzengel, der jedem Menschen schon bei der Geburt an die Seite gestellt wurde, in Kontakt zu treten.

Liebe Leser, ich möchte euch aufrufen, besinnt euch darauf, dass ihr einen Schutzengel habt, der nur darauf wartet, euch helfen zu dürfen. Er steht sowieso täglich 24 Stunden neben euch und wartet nur darauf, dass er um Hilfe und Beistand gebeten wird. Ja, Ihr habt richtig gelesen, redet mit euerem Schutzengel und spürt die Kraft die von ihm ausgeht, besonders, wenn man sich in verzweifelten und ausweglosen Situationen befindet, ist er ganz nah.

Wer bittet, dem wird geholfen, denn er ist an die hohen geistigen Gesetze gebunden und darf ohne Bitte nicht eingreifen. Probiert es aus und tretet in Kontakt mit ihm. Bei jedem Kontakt, den ihr herstellt, wird eure Verbindung stärker werden und ihr werdet die Antworten auf eure Fragen immer deutlicher empfangen. Versucht es, ihr könnt nur gewinnen.

Er zieht dir nicht das Geld aus der Tasche, ist nie schlecht gelaunt und nützt keine noch so schlimme Situation bei den Menschen aus. Er ist für jeden einfach da, ganz besonders in diesem Moment für dich, wenn du an ihn denkst.

Beauftrage ihn und er hilft, tröstet, gibt Kraft und es kostet dich nur ein von Herzen kommendes „Danke"!

Ein sehr wichtiger Punkt ist auch, dass man einfach auf sein Bauchgefühl hören sollte (denn auch das ist euer Schutzengel), dieses Gefühl sagt einem sowieso mehr, als der beste Rat, den man oft von den „lieben" Mitmenschen zu hören bekommt.

Die sowieso nicht nachvollziehen können, wie es in dem Moment in einem verzweifelten Menschen wirklich aussieht. Die meisten interessiert es auch nicht und zudem können sie auch nicht gut damit umgehen und reden deswegen einfach nur Oberflächliches daher, um überhaupt etwas gesagt zu haben. Wie so mancher Berater auf den Portalen. Der Unterschied ist, dass ich für die Ratschläge der Mitmenschen wenigstens nichts bezahlen muss, wenn diese Worte auch oft wie „Schläge" ankommen.

Wichtig ist, dass man seinen eigenen Weg geht und sich keinesfalls von den sogenannten „guten Freunden" beirren und beeinflussen lässt. Die es angeblich doch nur so gut meinen, die mit ihren Ratschlägen zur Seite stehen (und die ja dann alle auf einmal so lebenserfahren und hilfsbereit sind!). Nein, denn nur ich ganz alleine habe die Verantwortung und entscheide über mein eigenes Leben, über meine Liebe und über meinen Weg, den ich zu gehen habe. Denn jeder Mensch hat nicht nur das Recht, über sich und sein Leben selbst zu bestimmen und zu entscheiden, sondern sogar die Pflicht.

Man wird im Leben sehr oft vor schwierige Tatsachen gestellt und in vielen Situationen hart durchgebeutelt. Man denkt, es gehe nicht mehr weiter, doch das ist ein Irrtum, denn es geht immer weiter, solange sich die Erde dreht. Das Universum, eine starke, unsichtbare, geistige

Macht und unser Schutzengel wachen über jeden von uns, ja auch über dich, das ist sicher und man sollte unbedingt daran glauben!!

Ich möchte an dieser Stelle unbedingt noch erwähnen, dass es von enormer Wichtigkeit ist, die eigenen Gedanken besser zu kontrollieren.
Wir machen uns nämlich das Leben noch schwerer, wenn wir uns aus Angst oder Verzweiflung überwiegend auf Dinge konzentrieren, die wir gar nicht haben wollen.

Die Macht der Gedanken

Z.B. denken wir: "Heute wird es wieder ein schlimmer Tag werden." Dann wird er schlimm! Wenn ich einen Partner für mich gewinnen möchte, aber denke, "das wird sowieso nichts," dann tritt durch die MACHT unserer GEDANKEN genau das ein, was wir befürchtet haben: Er/sie will nichts von mir wissen oder wendet sich ab. 70% unserer täglichen Gedanken sind negativ und nur 30% positiv. Deshalb an dieser Stelle mein dringender Hinweis: Wandelt eure Gedanken um, sobald ihr bemerkt, dass ihr davon wieder in die Tiefe gezogen werdet. Programmiert sie in positives Denken um, nützt die Macht, die ihr durch eure Gedanken habt zu euren Gunsten. Je mehr Positives wir denken (über andere, vor allem über uns selber oder über die momentane Situation, das Leben, den Job, die Partnerschaft usw.), umso mehr kommt das, was wir wirklich in unserem Leben haben möchten, zu uns, nämlich das Gute und Schöne mit einem positiven Ausgang.

Achtet bitte auch immer auf eine positive Formulierung der Sätze, die ihr sprecht und denkt, glaubt mir, es ist nur zu eurem Besten. Ich bin gerade dabei, es selber zu lernen und habe bisher nur gute Erfahrungen damit gemacht.

Ich wünsche allen Lesern meiner Zeilen alles Liebe und erdenklich Gute, niemals am Leben verzweifeln und mit Zuversicht vorausschauen. Wandelt die Hoffnungslosigkeit und Verzweiflung in positive Gedanken um, auch wenn es manchmal sehr, sehr schwer fällt, dennoch niemals verzweifeln, denn das Leben hat auch seine schönen Seiten. Es hängt nur von uns ab, wie wir mit den Problemen umgehen und von wem wir uns unterstützen lassen. Ich habe es auch geschafft.

Auch wenn man am Boden liegt und der Meinung ist, es gehe nicht mehr weiter, lohnt es sich dennoch, immer wieder aufzustehen, denn jedes Ende bedeutet zugleich auch einen neuen Anfang für alles und in jeder Hinsicht, um seine Aufgabe zu meistern und seinen vorgegebenen Weg, den ja jeder hat, aufrecht zu gehen.

Vielleicht ist man schon lange mit einem Partner zusammen, den man nicht mehr so liebt, wie früher, weil sich in der Ehe jeder in eine andere Richtung entwickelt hat. Trotzdem bleibt man aus Gewohnheit, wegen der Kinder oder sonstiger

Gründe in einer Zweckverbindung, einer gut funktionierenden Wohngemeinschaft, zusammen. Manchmal merkt man gar nicht, dass man unglücklich ist, man funktioniert einfach nur. Wenn euch aber dann die Liebe eures Lebens begegnet, manchmal auch erst in späteren Jahren, dann ergreift bitte die Chance, habt den Mut, auch wenn der Weg zunächst als schwierig und unbegehbar erscheint. Ruft eueren Schutzengel, bittet ihn, euch zum Wohle aller aus dieser Situation zu helfen, um euere Liebe leben zu können. Denkt daran, der liebe Gott oder das Universum hat uns diese Liebe nicht umsonst ins Herz gelegt. Für mich ist es ein Geschenk Gottes. Eine große Liebe sollte man jeden Tag hegen und pflegen und mit ihr das Leben genießen. Partnerschaft heißt liebevoll am Erhalt arbeiten und das jeden Tag. Dann wird man merken, wie schön es ist, eine Liebe zu leben.

Nicht unbedingt jeder Mensch findet seinen Partner, das sogenannte Sandkorn in der Wüste, den berühmten Wassertropfen im Ozean oder den fehlenden Teil seines Herzens. Wenn dieser Seelen-Partner aber dann in unser Leben kommen darf, dann kann man von seiner großen Liebe sprechen, die vielleicht schon mehrere Leben andauert. Diese Liebe wird niemals vergehen, weil sie eben tief verankert ist. Wenn man nicht pflegend damit umgegangen ist, wie ich, dann wird die Intensität des Gefühls vielleicht mal schwächer, aber diese Liebe bleibt im Herzen vorhanden.

Ich persönlich habe meine große Liebe verloren, durch viele Fehler, die gemacht wurden, allerdings nicht nur von meiner Seite. Teilweise ging vieles kaputt, durch Intrigen oder sehr viele Missverständnisse.

Auch hier wurde kräftig mitgemischt von „Freunden", „Bekannten" etc., die es auch immer nur wirklich gut gemeint hatten. Inzwischen habe ich sie ganz losgelassen, aber in meinem Herzen wird sie bleiben. Es steht auch keinem Menschen zu, irgend eine Schuld auf andere abzuschieben, um sich selbst in ein besseres Licht zu stellen.

Heute kann ich mit der Situation sehr gut umgehen. Nach einem langen und sehr schmerzhaften Prozess heißt für mich nun die Devise: nach vorne schauen und wieder am Leben teilnehmen. Ich werde es meiner geistigen Führung überlassen, wie es in meinem Leben weitergeht, denn von meiner Seite her werde ich alles unterlassen, was dazu führen könnte sie wiederzusehen. In den drei Jahren der Trennung ist einfach zu viel Ungutes passiert. Und irgendwann ist der Zeitpunkt gekommen, an dem es heißt, Vergangenes abzuschließen und loszulassen. Für mich ist der Zeitpunkt jetzt gekommen. Alles andere bringt mich nicht mehr weiter. Zu lange stehe ich schon auf dem gleichen Fleck. Es ist Zeit, vorwärts zu gehen.

Alles kommt so, wie es kommen soll, wie es eben auf unserem göttlichen Plan steht. Ich habe gelernt, die Karten sind überwiegend richtungsweisend. Sie können und dürfen in unserem Leben nicht ausschließlich die Führung übernehmen. Wir haben bei der Geburt auch einen Verstand mitbekommen, den wir ab und zu einsetzen sollten. Jeder sollte unbedingt seine Entscheidungen selber treffen. Nach einem schmerzlichen und zu langen Irrweg durch die Internet-Portale habe ich erkannt, es geht auch um mein Leben, um meine Zukunft und um mein Weiterkommen. Ich habe für mich meine Entscheidung getroffen. Punkt.

Die Trennung vom Partner

An einer Trennung sind immer beide Partner beteiligt. Von Schuld will ich hier nicht unbedingt sprechen, aber von Fehlern, die beiderseits gemacht werden und die eben vieles oder alles zerstören können. Selbst zwischen Liebenden werden Fehler gemacht, aus Trotz, aus Schmerz, aus Eifersucht, aus Angst, den anderen zu verlieren usw. Partner sind eben auch zwei verschiedene Menschen und jeder hat seine Wünsche und Vorstellungen.

Werden diese dann vom Partner nicht erfüllt, sagt oder macht man schon mal etwas, was den anderen zutiefst verletzt. Man braucht sich nichts vorzumachen, niemand ist unfehlbar, aber jeder sollte zu seinen Fehlern stehen, auch wenn es manchen schwer fällt. Nur dann kann man etwas zum Besseren verändern. Man sollte auch niemals leichtfertig über andere Menschen urteilen, denn wer weiß schon, was einen Menschen dazu bewegt, so zu handeln wie er handelt, was ihn bedrückt und wie es in seinem Innersten aussieht.

Wenn wir alle rücksichtsvoller und verständnisvoller miteinander umgehen würden, gäbe es weniger Tränen und verzweifelte oder traurige Menschen.

Ich meinerseits stehe zu meinen Fehlern, wie man unschwer an meinen Zeilen erkennen kann. Es war für mich ein sehr langer Leidensweg. Ich habe zu viele Fehler gemacht, die ich nicht mehr ungeschehen machen kann, aber ich bereue sie wirklich sehr und mit Hilfe meines Schutzengels werde ich sie auch eines Tages überwinden können.

Wer liebt, der kann auch verzeihen, denn wer nicht verzeihen kann, der hat auch niemals richtig geliebt........

(Diesen Spruch sollte sich so mancher Mensch zu Herzen nehmen.)

Rückkehr zur Liebe von Marianne Williamson

*Unsere tiefgreifendste Angst ist nicht,
wir könnten ungenügend sein.
Unsere tiefste Angst ist, über alles Messbare*

hinaus kraftvoll zu sein.
Es ist unser Licht, nicht unsere Dunkelheit,
das uns am meisten Angst macht.
Wir fragen uns, wer bin ich, mich brillant,
großartig,
talentiert, phantastisch zu nennen?
Du bist ein Kind Gottes.
Dich selbst klein zu halten, dient nicht der Welt.
Es ist nichts Erleuchtetes daran,
sich klein zu machen,
damit andere um dich herum
sich nicht unsicher fühlen.
Wir sind alle dazu bestimmt, zu leuchten,
wie es die Kinder tun.
Wir sind geboren, um den Glanz Gottes,
der in uns ist, zu manifestieren.
Er ist nicht nur in einigen von uns,
er ist in jedem einzelnen.
Und wenn wir unser Licht erscheinen lassen,
geben wir unbewusst anderen Menschen
die Erlaubnis, dasselbe zu tun.
Wenn wir von unserer eigenen Angst befreit
sind,
befreit unsere Gegenwart von selbst andere.

Wie am Anfang versprochen, noch eine kurze Entstehungsgeschichte des Kartenlegens:

Über den genauen Ursprung des Kartenlegens lassen sich keine eindeutigen Aussagen machen.

Bis zum heutigen Tag kursieren diesbezüglich drei konkurrierende Herkunftstheorien: Die erste Theorie reiht die Kartomantie in die Tradition der Zigeunerkunst ein, da verschiedene Überlieferungen nahe legen, dass es Zigeuner waren, die die Kunst des Kartenlegens aus dem alten Ägypten nach Europa brachten. Eine andere Herkunftsdeutung besagt, dass die Kartomantie im China des ersten Jahrhunderts nach Christus entstanden sei. In diese Zeit fällt die erste Herstellung des Papiers, denn ohne Papier wäre die Herstellung von Karten mit oder ohne Symbol nicht möglich gewesen. Eine weitere Herkunftstheorie nennt den Islam als Ursprungskultur der Kartomantie, die von dort im Gepäck spanischer Muslime und auch arabischer Söldner gegen Ende des 14. Jahrhunderts nach Europa gebracht worden sein soll.

Als sicher betrachtet werden darf hingegen die Tatsache, dass die Kartomantie ihren Siegeszug in Europa im 13. Jahrhundert antrat. Bereits im Verlauf des 14. Jahrhunderts wurde sie zu einer Art „Modeerscheinung" innerhalb der adligen Schicht. Allerdings spielte sich diese Entwicklung im Geheimen ab, da sowohl die staatliche Gerichtsbarkeit als auch die kirchliche Obrigkeit dieser Zeit die Kartomantie als eine "schwarze Kunst" verteufelten, die nur von Zigeunern und Hexen ausgeübt würde.

Daher sahen sich sowohl praktizierende Kartenleger/innen als auch deren Kunden/innen schweren Vorwürfen von kirchlicher bzw.

staatlicher Seite ausgesetzt, die häufig in strafrechtliche Verfolgungen übergingen, die den Ruf der Betroffenen ruinierten. Sahen sich Kartenleger/innen dieser Epoche mit dem Vorwurf konfrontiert, eine Hexe oder ein Hexer zu sein, so wurden sie nicht selten im Zuge der zahlreichen Hexenverbrennungen hingerichtet, wodurch wahrscheinlich auch ein Großteil der alten Kartenlegekunst unwiederbringlich aus dem menschlichen Gedächtnis ausgelöscht wurde.

Der Beginn ist bei einer Dame namens Lenormand, die in Paris lebte, zu finden, zumindest war sie die erste bekannte Kartenlegerin.

Besondere Popularität erreichte die Kartomantie im Europa des 18. Jahrhunderts. Ihre berühmteste Vertreterin war die Französin Marie Anne Adelaide Lenormand (1772-1843). Madame Lenormand erblickte am 27. Mai 1772 in Alençon (Normandie) das Licht der Welt.

Obwohl über das Leben dieser Dame nicht viel bekannt ist, ging sie doch als Erfinderin der nach ihr benannten Lenormand-Karten in die Geschichte ein und erhielt schon zu Lebzeiten den schillernden Beinamen "Sibylle von Paris". Bereits in den 90er Jahren des 18. Jahrhunderts begann Marie Anne Adelaide Lenormand, ihre Dienste als Wahrsagerin anzubieten. Die staatliche Obrigkeit dieser Zeit stand nicht nur der Kartenlegekunst und Weissagung, sondern auch allen anderen populären Formen der

Weissagung ablehnend gegenüber, da sie Unruhen befürchtete, falls negative Prophezeiungen in dieser ohnehin von revolutionären Umbrüchen geprägten Zeit dem Volk bekannt werden würden. Aus diesem Umstand heraus lässt sich auch erklären, dass Marie Anne Adelaide Lenormand insgesamt dreimal inhaftiert wurde.

Dennoch sollen sogar die französische Kaiserin Josephine (1763-1814) und ihr Gemahl, Kaiser Napoleon Bonaparte (1769-1821), zum illustren Kundenkreis der Marie Anne Adelaide Lenormand gehört haben, ebenso wie andere große europäische Persönlichkeiten dieser Zeit, darunter die berühmte französisch-deutsche Schriftstellerin Anne Louise Germaine de Staël, der einflussreiche Staatsmann Fürst Metternich (Klemens Wenzel Nepomuk Lothar Graf von Metternich-Winneburg zu Beilstein; 1773-1859) und der russische Zar Alexander I. (1801-1825).
Am 25. Juni 1843 starb Madame Lenormand im Alter von 71 Jahren in Paris und hinterließ ein sehr großes Vermögen. Viele Wahrsagerinnen versuchten danach vergeblich, ihr Erbe anzutreten. Und allmählich wurde sie selbst zur Legende.

* * *

Danksagung

Zum Schluss möchte ich mich noch bedanken, bei allen die mich bei der Erstellung dieses Buches unterstützt haben, ganz besonders bei Frau Hermine Krinner, vielen herzlichen Dank.

Weiter möchte ich mich auch bei dem Inhaber Franz Xaver Kohlhauf Foto-Treff in Bad Tölz bedanken für die freundliche Unterstützung bei der Auswahl und der Bereitstellung des Titelfotos „Mystische Nacht", vielen herzlichen Dank.

Dieses Bild wurde von mir ausgewählt, da es mir passend erscheint für dieses Buch: ein beleuchtetes Fenster mit dem Blick auf eine Sternennacht, Verbindung vom Fenster zum endlosen Universum. Das sind meine Gedanken bezüglich dieses Fotos...........

* * *

Zitiert wurde:

- Rückkehr zur Liebe von Marianne Williamson

Homepage:

http://steff50.bodautor.de

Achte auf deine Gedanken, denn sie werden deine Worte.
Achte auf deine Worte, denn sie werden deine Handlungen.
Achte auf deine Handlungen, denn sie werden deine Gewohnheiten.
Achte auf deine Gewohnheiten, denn sie werden dein Charakter.
Achte auf deinen Charakter, denn er wird dein Schicksal.

Unbekannt

Ich wünsche allen meinen Lesern alles

erdenklich Gute !

Und nicht vergessen.......

Man sollte niemals über andere urteilen...

Für meine Seele und mich war es gut, dieses Buch zu schreiben, vielleicht tut es euch gut, liebe Leserinnen und Leser, es zu lesen!